Devers.

Chambre des Commissaires-Priseurs.
3655 Envoi à la Bibliothèque Nationale
le

1883 - Avril - 3

Vente des 3, 4 et 5 Avril 1883

HOTEL DROUOT, SALLE N° 5

À DEUX HEURES

OBJETS D'ART

Faïences artistiques anciennes et modernes
Françaises et Étrangères

PORCELAINES DE CHINE, SAXE ET SÈVRES

VERRERIES DE VENISE ET DE BOHÊME

BRONZES ANTIQUES

OBJETS DE VITRINE

TABLEAUX ANCIENS ET MODERNES

Gravures anciennes, Dessins, Livres à figures

Par suite de Décès de M. DEVERS

ARTISTE-PEINTRE ET CÉRAMISTE

Me SCHOOFS	M. RIFF
COMMISS^{re}-PRISEUR	EXPERT
rue des Petits-Champs, n° 42	rue Drouot, n° 17

PARIS — 1883

Vᵉ RENOU, MAULDE et COCK

IMPRIMEURS DE LA COMPAGNIE DES COMMISSAIRES-PRISEURS

Rue de Rivoli, 144.

CATALOGUE

DES

OBJETS D'ART

ET DE

CURIOSITÉ

Faïences artistiques anciennes et modernes
Françaises et Étrangères

VERRERIES DE VENISE ET DE BOHÊME

PORCELAINES DE CHINE, SAXE ET SÈVRES

BRONZES ANTIQUES

OBJETS DE MONTRES

Miniatures, Ivoires sculptés

TABLEAUX ANCIENS ET MODERNES

DES XV⁰ ET XVI⁰ SIÈCLES

Gravures anciennes, Dessins, Pastels, Livres à figures

CADRES SCULPTÉS

Dont la vente aura lieu

Après Décès de M. DEVERS, Artiste-Peintre et Céramiste

HOTEL DES VENTES, RUE DROUOT, 9

SALLE N° 5

Les Mardi 3, Mercredi 4 et Jeudi 5 Avril 1883

A DEUX HEURES

———

Par le ministère de **Me SCHOOFS**, Commissaire-Priseur,
rue des Petits-Champs, 42,

Assisté de **M. RIFF**, Expert, rue Drouot, 17.

———

PARIS — 1883

CONDITIONS DE LA VENTE

———

Elle sera faite au comptant.

Les Adjudicataires paieront CINQ POUR CENT en sus des enchères.

L'Exposition mettant le Public à même de se rendre compte de l'état des Objets, il ne sera admis aucune réclamation une fois l'adjudication prononcée.

DÉSIGNATION

FAÏENCES ET TERRES CUITES ARTISTIQUES MODERNES

1 — Grand Poêle en faïence émaillée, avec ornements en relief, style italien du XVIᵉ siècle.

2 — Deux Gaînes, décor bleu sur fond blanc.

3 — Deux Gaînes, émail vert et or.

4 — Un Buste (Bernard Palissy), terre cuite.

5 — Un Buste (Luca della Robbia), faïence émaillée.

6 — Un Buste allégorique (l'Italie).

7 — Un Buste allégorique (la France).

8 — Une Statue d'Apollon, faïence émaillée.

9 — Deux Vases à anses (Têtes de béliers), décor blanc sur fond bleu.

10 — Deux Gaînes en faïence émaillée.

11 — Un Buste allégorique (l'Italie).

12 — Un Groupe (les Trois Grâces), faïence.

13 — Deux Vases Médicis, à mascarons et draperies en relief.

14 — Deux Gaînes en faïence émaillée.

15 — Un Vase Médicis, avec ornements en relief et médaillon (Amours), sur fond bleu.

16 — Grande Vasque sur piédouche, décor camaïeu jaune sur fond bleu (sujets allégoriques).

17 — Quatre Consoles-Appliques (Enfants supportant des vases).

18 — Un grand Plat ovale (sujets allégoriques).

19 — Un grand Plat ovale (sujets allégoriques).

20 — Un Vase, forme Médicis, à mascarons ; décor polychrome.

21 — Un Plat ovale, avec sujets allégoriques.

22 — Un Plat, genre italien.

23 — Un autre Plat, genre italien, avec arabesques.

24 — Un Plat, fond jaune, au centre (Tête de Vierge).

25 — Un Plat avec amours sur fond bleu.

26 — Trois Plaques, fruits et légumes en relief ; décor polychrome.

27 — Tête de jeune fille. Cadre en chêne sculpté.

28 — Jardinière, de forme ovale, avec têtes de béliers.

29 — Deux grands Médaillons (Portraits de Bernard Palissy et de Philippe de Girard).

30 — Deux Vases, style Renaissance, en faïence émaillée.

31 — Plat à jour, décor fond jaune.

32 — Grand Médaillon (la Poésie).

33 — Vingt Plats décorés de paysages, |vues d'Italie, etc. (OEuvres de M. Devers).

34 — Plaque encadrée (la belle Ferronnière).

35 — Deux Vases, avec ornements en relief et médaillons à sujets.

36 — Bas-Relief, d'après |Luca della Robbia (la Vierge et les Anges).

37 — Plat rond, décoré de sujets mythologiques.

39 — Plat, décor persan.

40 — Grande Plaque en lave décorée.

41 — Grande Plaque en lave (le Père Éternel).

42 — Quarante Assiettes ; décors variés.

43 — Petit Bas-Relief, d'après Luca della Robbia (la Vierge et l'Enfant Jésus).

44 — Plat, décor de M. Devers (Tête de jeune fille).

45 — Plat, sujet de genre. Signé Pomper.

46 — **Plat en porcelaine (Tête de jeune fille).**

47 — Trois Plaques (la Peinture, la Musique, la Poésie).

48 — Grand Plateau à bord à jour, décor bleu sur fond blanc. Au centre (Tête de saint Jean).

49 — Grande Plaque ronde (Sujet allégorique).

50 — Vase, de forme Médicis, à anses (Satyres et Mascarons).

51 — Peinture sur lave (Nymphe sortant des eaux).

52 — Plaque en faïence peinte (Place du marché Saint-Jean, à Turin).

53 — Deux Vases ornés de fruits en relief.

54 — Statuette d'enfant, terre émaillée.

55 — Plat à fond de glace, terre émaillée.

56 — Plat en porcelaine décorée (la Méditation).

57 — Vase à couvercle, décor bleu sur fond blanc.

58 — Vingt Plaques en faïence décorée.

59 — Vase, genre italien.

60 — Médaillon, par Devers (Tête d'Ange).

61 — Plat avec paysage (Vue d'Italie).

62 — Jardinière; décor persan.

63 — Encrier et Plateau en terre émaillée, style Renaissance.

64 — Deux grands Vases-Jardinières.

65 — Modèle d'horloge à figures et ornements en relief, style Renaissance.

66 -- Quatre petits Vases, décor jaune sur fond blanc avec écussons.

67 — Deux Assiettes en porcelaine, à sujets, d'après Watteau.

68 — Une Jardinière ovale, fond rose et médaillon (Amours).

69 — Grande Plaque en lave émaillée, style roman (Modèle du tympan de l'église provisoire de la Trinité). Le Christ entouré des emblèmes évangéliques, par Ary-Cheffer et Devers.

70 — Deux Vases à long col et à anses détachées: décor persan.

71 — Petit Plat décoré d'arabesques et d'amours sur fond jaune.

72 — Deux Assiettes, décor persan.

73 — Deux Assiettes, genre italien, décors variés.

74 — Salière et Coupe à ornements en relief, style Renaissance.

75 — Modèle d'Horloge, style Renaissance.

76 — Bordure à ornements en relief, d'après Luca della Robbia.

77 — Deux Vases à anses, chimères, décor fond jaune

78 — Deux jolies Buires, décorées de chimères et mascarons sur fond jaune.

79 — Vase commémoratif de la Victoire de Solférino. Hauteur 1m70.

80 — Deux grands Vases commémoratifs de la Délivrance de l'Italie, terre cuite.

81 — Cheminée en trois parties, avec ornements en relief sur fond vert.

82 — Quatre grandes Bordures, genre de Luca della Robbia.

83 — Environ cent Pièces : Vases, Aiguières, Buires, Cornets, Coupes, Statuettes et Appliques en faïence émaillée (Sera divisé).

84 — Deux Bas-Reliefs (Sainte Famille), terre émaillée.

85 — Sainte Cécile. Modèle en terre cuite d'un bas-relief placé dans l'église de Saint-Eustache.

FAÏENCES ANCIENNES

PORCELAINES DE CHINE, SAXE ET SÈVRES

86 — Vingt Pièces : Vases, Cornets, Potiches en faïence de Savone.

87 — **Deux Vases en faïence de Delft en couleur.**

88 — Vases, Tasses et Soucoupes en porcelaine de la Chine et autres.

89 — Quatre Bas-Reliefs du XVIe siècle en terre émaillée (Chemin de la Croix).

90 — Deux petites Corbeilles et un Plateau en faïence de Delft.

91 — Grande Soupière en faïence de Milan.

92 — Grand Plat à bord dentelé en faïence de Milan.

93 — Coupe en faïence italienne. Au centre, une figure de Saint.

94 — Petite Soupière en Delft.

95 — Cinq Pièces en Delft : Soupières, Sucriers, Plateau.

96 — Deux petits Plateaux en porcelaine de la Chine.

97 — Dix Pièces en Chine : Bols, Soucoupes.

98 — Deux Soupières en faïence de Milan.

99 — Bénitiers en faïence italienne, daté 1768.

100 — Deux Bols, deux Salières, un Plateau, porcelaine de Chine; décor camaïeu noir et écussons armoriés.

101 — Deux Plats, même décor.

102 — Vingt Assiettes en porcelaine et faïence.

103 — Cinq Plats ovales, faïences de Moustiers et autres.

104 — Jolie Tasse et Soucoupe en porcelaine de Berlin; décor fond bleu rehaussé d'or.

105 — Petit Plateau en porcelaine à fond marbré, avec feuillage et fruits en relief.

106 — Joli Vase en faïence de Delft, décor fond brun, avec médaillon (Sujets chinois), sur fond blanc.

107 — Deux Chiens en faïence de Lunéville.

108 — Deux Plats en faïence de Moustiers.

109 — Deux Plats en faïence de Milan.

110 — Plat en faïence de Déruta.

111 — Deux Pièces en faïence orientale.

112 — Quatre Cornets en faïence italienne.

113 — Deux Plateaux, une Gourde en faïence italienne.

114 — Six Assiettes en faïence de Milan.

115 — Quinze Assiettes en porcelaine de Chine.

116 — Huit Assiettes en faïence de Marseille.

117 — Huit Assiettes en faïence italienne (Personnages de la Comédie).

118 — Quatre Assiettes en faïence de Delft; décor polychrome.

119 — Trois Plats italiens à bords gaufrés, avec médaillon au centre.

120 — Deux Plats en faïence de Delft et Savone.

121 — Huit Assiettes en faïence de Delft.

122 — Dix Assiettes en faïence italienne.

123 — Jolie Ecuelle en faïence de Marseille.

124 — Deux petits Vases en faïence de Perse.

125 — Gourde en porcelaine du Japon.

126 — Trois petits Plateaux ovales en faïence de Delft.

127 — Environ cent Pièces faïences françaises et étrangères (Sera divisé).

128 — Vingt Pièces : Groupes et Statuettes en terre de Lorraine (Sera divisé).

OBJETS VARIÉS

129 — Environ cent Pièces : Verreries de Venise et de Bohême peintes et gravées (Sera divisé).

130 — Vingt Pièces en fer forgé et repoussé.

131 — Une petite Toilette à tiroirs en ivoire gravé.

132 — Deux petits Coffrets italiens du xvie siècle, avec sujets en relief.

133 — Petite Plaque en porcelaine, cadre en bois sculpté et doré, représentant la Chaste Suzanne, œuvre de M. Devers.

134 — Petit Rouet, époque Louis XVI.

135 — Quatre Eventails anciens.

136 — Quatre Montres Louis XVI en cuivre.

137 — Boîte Louis XV en porcelaine de Saxe.

138 — Deux Boîtes à tabac en ivoire.

139 — Bas-Relief en ivoire (la Vierge aux Anges).

140 — Quatre Pièces en ivoire sculpté.

141 — Agrafe en ivoire. Travail chinois.

142 — Quatre Médaillons dont un en ivoire.

143 — Tête de jeune homme, d'après Greuze.

144 — Plaque en émail (la Vierge et les Apôtres), par Devers.

145 — Plaque en émail (Sainte Lucie), par le même.

146 — Deux petites Plaques (Paysage), par le même.

147 — Quatre Peintures anciennes sur cuivre.

148 — Vingt Pièces : Émaux, Boucles, Broches, etc.

149 — Petit Cartel en marqueterie.

150 — Reliquaire en cuivre repoussé.

151 — Petite Escarcelle genre Renaissance.

152 — Trois petits Bustes anciens en bronze.

153 — Quatre Statuettes antiques en bronze.

154 — Dix Pièces : Bronzes antiques, Plaques, Statuettes.

155 — Chauffe-pied en cuivre repoussé.

156 — Une Coupe et un lot d'Objets variés en bronze.

157 — Reliquaire avec peintures.

158 — Tête d'Esclave en faïence de Gênes.

159 — Un lot d'Étoffes anciennes.

TABLEAUX ANCIENS

160 — **Clouet** (École de), dit J. Jeannet. Portrait du duc de Bourgogne. Sur bois.

161 — **Holbein** (Attribué à). Portrait d'un duc de Bourgogne.

162 — **Raphaël** (D'après). Grande Figure de Christ.

163 — **Rigaud** (Attribué à). Portrait d'homme.

164 — **Rigaud** (Attribué à). Portrait de femme.

165 — **Rubens** (D'après). Triomphe d'Alexandre.

166 — **Stephano Scolario.** Satyre blessé.

167 — **Téniers** (Attribué à). Paysage avec figures.

168 — **Titien** (Attribué au). Vénus endormie.

169 — **Van Loo** (Attribué à). Le Déjeuner. — La Marchande de raisins.

170 — **Véronèse** (École de Paul). La sainte Cène.

171 — **École française.** Projet de Plafond.

172 — Sous ce numéro, soixante Tableaux de diverses Écoles.

173 — Tête d'Empereur romain. Cadre noir avec bronzes.

174 — Sainte Famille (XVIᵉ siècle). Sur bois.

175 — La Vierge et l'Enfant Jésus (XVIᵉ siècle).

176 — Figure d'Ange (XVIᵉ siècle). Sur bois.

177 — Tête de Christ (XVIᵉ siècle).

178 — Saint Jérome (XVIᵉ siècle).

179 — Sainte Famille. Sur bois.

180 — Tête d'Ange. Sur bois.

181 — Saint Bruno. Cadre en bois noir.

182 — Les saintes Femmes (xvie siècle). Sur bois

183 — Cinq Panneaux (les Évangélistes).

184 — Sainte Famille. Sur fond or.

185 — Vierge russe. Sur bois.

186 — Tableau russe. Sur bois.

187 — Vierge russe. Sur bois.

188 — Tête de Saint (xvie siècle).

189 — Sainte Geneviève (xvie siècle). Sur bois.

190 — Saint Jérome (xvie siècle). Sur bois.

TABLEAUX MODERNES, GRAVURES, DESSINS

191 — Combat de coqs, par ***.

192 — **Roy-Bet**. Aquarelle, d'après Delacroix.

193 — **Decamp** (Attribué à). Étude de Chiens.

194 — **Meissonnier** (Attribué à). Femme endormie.

195 — **Devers**. Les Saltimbanques.

196 — **Villa Marina**. Jeune fille attaquée par un chien.

197 — **Van der Bury**. Paysage.

198 — Soixante Tableaux, Études, Dessins, Aquarelles.

199 — Quantité de Gravures anciennes et Photographies.

200 — Livres à figures, Albums et Ouvrages divers, dont : Ouvrages littéraires et illustrés. — Loges de Rafaele dans le Vatican, par Roberts, 1799. — Rome antique, par Bartholomio Pineldi. — Ornements, Vases et Décoration, d'après les grands maîtres (6 volumes), par Pequenot, — Sainte Bible en gravures. — La Passion illustrée ou *Sacra di monte di Vasallo*. — Douze Apôtres, émaux de Léonard-Limozin, conservés à Chartres dans l'église Saint-Pierre. — Albums de modèles d'orfèvrerie, par Poussielgue - Rusand. — Ouvrage sur la Marqueterie. — Anatomie des formes extérieures du corps humain. — Cours d'anatomie, par le docteur Gamba. — Traité sur l'Architecture. — Notice sur les OEuvres de Gandenzi Ferrare. — Peintre et Plastique. — Vues des Monuments de la ville de Pise. — Vues des Monuments de la ville de Turin, par Henri Ganin. — Histoire des Costumes et de l'Ameublement en Europe, par Ferdinand Sèze. — Quatre années de l'Art en Italie, par Biscane. — Société des Beaux-Arts de Turin. — Spécimen des Encres typographiques, par Ch. Lorilleux. — La Dona, opéra encyclopédique en 2 volumes. — Les plus belles Murailles de Pompéi. — Album della ditta Andrea Boni. — Histoire des Peintres avec la reproduction de leurs plus beaux tableaux (30 livraisons). — L'Art pour tous, etc.

Vᵉ RENOU, MAULDE et COCK, imprˢ de la Cⁱᵉ des Commissaires-Priseurs
rue de Rivoli, 144.   86376

www.ingramcontent.com/pod-product-compliance
Lightning Source LLC
LaVergne TN
LVHW011004180726
843502LV00007B/2327